AF233869

DOMAINES ENGAGÉS.

OBSERVATIONS

1°. *Sur quelques passages du RAPPORT fait au Conseil des CINQ-CENTS dans la séance du 9 frimaire an VII, par le Représentant du peuple, BERLIER, sur les domaines engagés ;*

2°. *Et sur divers articles de la RÉSOLUTION prise par ce Conseil, sur le même objet, dans sa séance du 22 du même mois ; résolution qui est en ce moment soumise à l'examen & à l'approbation du Conseil des ANCIENS.*

RAPPORT.

Le Représentant du peuple, *Berlier*, membre du Conseil des Cinq-Cents, a, dans le rapport par lui fait au nom d'une commission spéciale dont il étoit l'organe, combattu par un raisonnement solide & basé sur la justice, le systême de ceux qui vouloient que tous les *domaines engagés*, indistinctement, (hors ceux compris dans les exceptions de la révocation) fussent vendus par la voie des enchères, parce que, disoient-ils, il y avoit *inconstitutionalité*, d'une part, en les vendant de toute autre manière, & *lésion* ou *déprédation* au préjudice de la République, de l'autre, en n'exigeant des détenteurs *actuels*, pour être maintenus dans leur possession, que le *quart* du prix de la valeur de 1790.

A

C'eft donc avec raifon que le rapporteur a dit (pag. 21 de ce rapport) :

« Mais y a-t-il *déprédation*, quand au *quart effectif* » de la valeur du fond, en 1790, vient fe joindre » l'abandon entier & abfolu de la *finance* & des *amé-* » *liorations*, dont pourtant il faudroit faire état dans « le cas d'une adjudication rigoureufe ?

» Qui ne fent d'ailleurs, ajoute-t-il, que le *quart* de » la valeur de 1790, n'eft aujourd'hui, relativement aux » immeubles, qu'un quart *nominal*; mais que dans la » réalité, ce quart repréfente *une quotité beaucoup plus* » *forte*, dans le prix que l'on pourroit tirer actuelle- » ment de la vente?

OBSERVATION.

Le Rapporteur auroit pu ajouter aux confidérations qu'il a préfentées au Confeil, celle-ci : C'eft que telle aliénation qui, par exemple, a été payée 30,000 fr. il y a cent ans, (plus ou moins) lorfque le *marc d'argent* étoit à moitié de valeur de ce qu'il eft au- jourd'hui : cette aliénation, dit-on, a été tout auffi chère- ment payée, alors, que fi on la payoit actuellement 60,000 francs.

Il en eft ainfi de toutes les aliénations en général, dont il faut, pour être jufte, évaluer aujourd'hui la finance précédemment fournie, felon que le prix du *marc d'argent* étoit plus ou moins élevé, à chacune des époques où ces aliénations ont été faites & con- fommées avec l'ancien gouvernement.

RAPPORT.

« On reprochoit, dit le rapporteur, (page 30,) à » la réfolution du 27 thermidor (an VI), de mettre

» toutes les propriétés particulières à la *merci* des
» agens du domaine, en leur attribuant le droit de re-
» vendiquer, fans exhibition de titres. Une difpofition
» *fpéciale & précife*, ajoute-t-il, fera difparoître cette
» crainte, qu'il n'étoit pas dans l'efprit de la loi
» d'infpirer ».

OBSERVATION.

Il eft vrai que l'article 22 de la réfolution dit bien,
« qu'à l'égard de tous les engagiftes non maintenus
» (*en poffeffion*), & qui n'auroient pas fait la décla-
» ration prefcrite par l'article 13, ou qui, après l'avoir
» faite, ne fe feroient pas préfentés pour faire la fou-
» miffion autorifée par les articles 14 & 15, la régie
» des domaines nationaux, immédiatement après l'ex-
» piration du mois qui fuivra la publication de la loi,
» en ce qui concerne *les premiers* (1), ou du mois
» qui fuivra la déclaration non fuivie de foumiffion,
» en ce qui concerne *les feconds* (2), leur fera figni-
» fier copie des titres primitifs, récognitifs ou énon-
» ciatifs, tendant à établir les droits de la nation ;
» avec déclaration que dans le délai d'un mois, à dater
» de la fignification, elle pourfuivra la vente des biens
» y énoncés ; » mais la réfolution ne dit pas fi ceux
des détenteurs de domaines engagés, & ceux des échangiftes qui fe trouveront être dans l'une des exceptions
prononcées par les divers paragraphes de l'article 5,

---

(1) Il femble qu'il s'agit ici des *déclarations*, & qu'il ne peut
s'agir d'autre chofe d'après le texte des articles qui précèdent ;
ainfi il faudroit lire : *les premières* au lieu *des premiers* ; ou ce
qui feroit peut-être mieux encore ce feroit de mettre : *lefdites déclarations*, pour lever toute équivoque.

(2) Il paroît qu'ici il eft queftion *des foumiffions* ; en ce cas
il faudroit lire *les fecondes* au lieu *des feconds* : ou mieux : *lefdites
foumiffions.*

A 2

feront *tenus*, ou *non*, de faire ; (comme les autres engagiftes & échangiftes non compris dans l'excep-tion) , la déclaration ordonnée par l'article 13. Cependant, c'eft un point effentiel, fur lequel il feroit néceffaire de fixer les idées, par une *difpofition parti-culière* dans la loi ; afin de lever par-là toutes les incer-titudes, tant dans l'efprit des détenteurs qui font appelés à jouir des exceptions de la révocation , que dans celui des agens qui feront chargés de l'exécution de ladite loi.

RÉSOLUTION (*du 22 frimaire an VII*).

« ART. 5. Sont exceptées des difpofitions de l'ar-» ticle 4 : (la révocation des aliénations).

(4ᵉ. PARAGRAPHE DUDIT ARTICLE 5).

« Les aliénations & fous-aliénations, ayant date cer-» taine, *avant le 14 juillet* 1789, faites avec ou fans » deniers d'entrée, de terreins *épars* quelconques, au-» deffous de la contenance de *cinq heclares*, pourvu que » lefdites *parcelles éparfes* de terreins, ne compriffent, » lors des conceffions primitives, ni des maifons *appe-» lées châteaux*, moulins, fabriques, ou autres ufines, » à moins qu'il n'y eût condition de les démolir, & » que cette condition n'ait été remplie : *ni* dans les » villes , des habitations actuellement comprifes aux » rôles de la contribution foncière, au-deffus de 40 fr. » de principal ».

OBSERVATION.

D'abord, ce paragraphe, en remontant au 14 juillet 1789, *annulle* par conféquent (quoique le mot de *nul-lité* ne foit pas prononcé), toutes les *fous-aliénations* ou ventes, qui, depuis cette époque , ont été faites, (entre particuliers), de portions de domaines engagés,

(5)

faisant , dans la main du vendeur , au moment de la vente , partie d'une contenance de plus de *cinq hectares ;* mais dont il est possible qu'il ne lui reste aujourd'hui qu'une contenance au-dessous desdits cinq hectares.

Il résulte donc de cette disposition de la loi *proposée ,* que celui qui actuellement , ne possède pas *cinq hectares ,* mais qui les possédoit au 14 juillet 1789 , ne jouit pas de l'exception. Cela est-il juste ? on ne le pense pas. La loi peut bien prendre des précautions pour l'avenir ; mais elle ne peut pas annuller les ventes faites pour le passé. Autrement , ce seroit adopter une système de *rétroactivité* que la constitution réprouve formellement , & qu'il convient par conséquent , de faire disparoître de la résolution soumise à l'examen & à l'approbation du *Conseil des Anciens.*

En second lieu , l'exception des *contenances* au-dessous de *cinq hectares* n'est pas clairement exprimée. Cette exception doit-elle s'entendre de toutes *parcelles éparses* de terreins contenant *moins* de cinq hectares , *en tel nombre que ces parcelles se trouvent dans la main d'un même détenteur actuel ?* Ou , n'entend-on seulement excepter , *dans la même main ,* qu'une seule contenance au-dessous de *cinq hectares ,* soit que cette contenance soit composée *d'une seule parcelle de terrein ,* ou de *plusieurs* réunies ? C'est sur quoi la résolution laisse des *DOUTES , que beaucoup de personnes partagent ;* & il est essentiel de les dissiper par une rédaction plus précise de ce paragraphe.

Enfin , si l'on doit présumer , (comme cela est vraisemblable ,) que l'intention du Corps légistatif est que la nation prenne les choses dans l'état ou elles se trouvent aujourd'hui ; c'est-à-dire , pour ce que chacun des détenteurs *actuels* possède des aliénations *primitives ,* soit par succession , soit par sous-aliénation ou vente , soit enfin , par échange entre particuliers , il faut encore que la loi le dise formellement , & c'est ce que ne fait pas la résolution. On doit sentir que cette déclaration du Corps légistatif , *de ne prendre les choses que dans l'état ou elles font maintenant* eſt abſolument néceſſaire ; attendu que , dans le fait , il exiſte très-peu, (ou peut-être même point du tout) d'aliénations *primitives* , qui ſoient aujourd'hui *en entier* , dans les mains *d'un ſeul & même détenteur.*

Ainſi , pour faire diſparoître , d'une part, la *rétroactivité* dont il eſt ci-deſſus parlé ; & dë l'autre, l'eſpèce d'obſcurité qui règne dans la rédaction de ce paragraphe, tant *ſur ce qui concerne l'exception des parcelles éparſes de terreins au-deſſous de cinq hectares* , que ſur chaque *TENURE ACTUELLE de domaines engagés,* on penſe que ce même paragraphe, pourroit être à-peu-près ainſi conçu :

(1°. *En ſuppoſant l'exception applicable à tous les terreins épars contenant chacun moins de cinq hectares :*)

Sont exceptées des diſpoſitions de l'article 4 [la révocation]:

» Les aliénations & ſous-aliénations ayant date certaine
» *avant la publication de la préſente loi,* faites avec, ou ſans
» deniers d'entrée , de *parcelles éparſes* de terreins quel-
» conques qui, ſous un ſeul & même détenteur *actuel,* &
» en *tel nombre* que ſoient leſdites parcelles, ſe trouve-
» ront être, *chacune,* d'une contenance au-deſſous de *cinq*
» *hectares* ; pourvu, toutes fois que leſdites parcelles épar-
» ſes de terreins ne compriſſent, lors des conceſſions *pri-*
» *mitives,*

» 1°. Hors des villes, des maiſons, *appelées châteaux* ;
» moulins, fabriques ou autres uſines ; à moins qu'il n'y
» eut condition de les démolir, & que cette condition n'ait
» été remplie :

» 2°. Ou, dans les villes, des habitations actuellement
» compriſes aux rôles de la contribution foncière, au-
» deſſus de 40 francs de principal.

(2°. *Et dans le cas ou l'exception ne devroit porter que ſur cinq hectares au total :*)

» Sont exceptées, &c.,

» Les aliénations & ſous-aliénations ayant date certaine

» *avant la publication de la présente loi*, faites avec, ou fans
» deniers d'entrée, de *parcelles éparfes* de terreins quel-
» conques qui, fous un feul & même détenteur *actuel*, fe
» trouveront être, foit dans leur *unité*, s'il n'y a qu'une
» *feule* parcelle de ces terreins ; foit dans leur *réunion*, s'il
» y en a *plufieurs*, d'une contenance au - deffous *de cinq*
» *hectares*; pourvu, toutefois, que lefdites parcelles épar-
» fes de terreins, ne compriffent, lors des conceffions *pri-*
» *mitives,*

» 1°. Hors des villes, des maifons, *appellées châteaux*,
» moulins, fabriques ou autres ufines; à moins qu'il n'y
» eut condition de les démolir, & que cette condition
» n'ait été remplie :

» 2°. Ou dans les villes, des habitations actuellement
» comprifes aux rôles de la contribution foncière au-def-
» fus de 40 francs de principal. ».

On obferve cependant, fur-tout à l'égard de ces habitations dans les villes, qu'il n'y en a guères qui ne paient
aujourd'hui *plus* de 40 francs de principal de contribution
foncière (1); & dire que, faute du paiement du *quart* de la
valeur (en 1790) de ces habitations, la République ren-
trera dans les *parcelles* de terreins aliénées ou concédées, *fur*
lefquelles il y a de ces mêmes habitations payant aujourd'hui
40 francs, ou plus, de principal de contribution foncière ;
c'eft dire a-peu-près en d'autres termes, que l'exception eft
nulle ou *prefque nulle*; & que, (fauf le droit que pourroit avoir la République au prix du terrein, s'il n'a-
voit pas été payé lors de la conceffion ou aliénation), les propriétés, *bien réelles*, d'une très-grande quan-
tité de détenteurs qui ont fait bâtir fur ces terreins, ou qui
ont acquis ces bâtimens d'anciens détenteurs qui n'exif-
tent plus: ces propriétés, dit-on, fe trouvent, par la

---

(1) Notamment à Paris., Verfailles &c.

forme & le fond de la réfolution, attaquées d'une manière bien directe, contre le vœu formel de la conftitution qui exige que toute propriété quelconque foit refpectée.

On le fait cependant; c'eft fouvent fur des terreins *vagues* & de peu de valeur, que ces conftructions ont été faites *à grands frais* : terreins qui, avant leur conceffion ou aliénation, ne produifoient rien ou peu de chofe à l'Etat; tandis qu'au moyen de ces conftructions, le gouvernement a retiré depuis leur établiffement, & retire tous les jours, beaucoup de droits de tous genres relatifs aux *mutations*; ainfi que des *contributions* confidérables, fuivant l'importance des objets.

Il faut d'ailleurs obferver qu'aujourd'hui il y a peu ou point de conceffionnaires ou aliénataires *primitifs* qui poffèdent, dans les villes, les habitations dont il s'agit : qu'ainfi on feroit retomber tout le poids de la réfolution, (fi elle étoit approuvée telle qu'elle eft *par le Confeil des Anciens*), fur des *tiers-acquéreurs*, qui ont fouvent payé fort cher le prix de leur acquifition.

Pour concilier les intérêts de la République avec la juftice due aux particuliers, il femble qu'on ne peut, ou du moins qu'on ne devroit exiger des détenteurs *actuels* de ces habitations, que le prix du terrein & rien autre chofe; & dans le cas feulement encore, où le détenteur ne pourroit juftifier que ce terrein a été payé lors de la conceffion, foit par lui perfonnellement, foit par fes auteurs; car s'il adminiftroit *la preuve* de ce paiement, il feroit injufte de lui rien demander du tout.

OBSERVATION PARTICULIÈRE,

Sur une queftion importante, qui n'a pas été traitée au Confeil des CINQ-CENTS, lors de la réfolution du 22 frimaire, an VII.

Dans toutes les difcuffions qui ont eu lieu jufqu'à

(9)

préfent, fur les domaines engagés & fur les échanges ;
il eft une *queftion importante* que l'on croit n'avoir
jamais été traitée; & qui, cependant, paroîtroit devoir
fixer l'attention du Législateur, en faveur des individus
qu'elle peut concerner.

Voici de quoi il s'agit :

Un créancier, pour être payé d'une créance, aura
été obligé de pourfuivre en juftice, la *faifie* des biens
de fon débiteur. Ces biens auront été adjugés, *fur dé-
cret forcé*, par un jugement en forme, qui en aura
tranfmis à l'acquéreur la propriété & poffeffion, fans
qu'il fût befoin, comme on fait, que la partie faifie
lui remit les titres de ces mêmes biens ; parce que ce
débiteur, fouvent de mauvaife humeur, pouvoit les lui
refufer, même les brûler, ou enfin lui dire qu'il n'en
avoit pas, parce qu'ils étoient perdus.

La totalité de ces biens, ou partie d'iceux, *fans que
le nouveau propriétaire en fût rien*, fe trouveront être des
domaines engagés ou anciennement échangés avec le
gouvernement : mais au moyen de l'abfence totale &
abfolue des anciens titres, le nouveau propriétaire s'étant,
par-là, trouvé privé du moindre renfeignement fur *l'ori-
gine* de ces biens, les aura naturellement confidérés comme
patrimoniaux, & conféquemment n'aura pas penfé ni
dû penfer à les déclarer.

Cependant, la régie des domaines, à l'expiration du
délai accordé pour faire les déclarations, lui fera figni-
fier des titres *dont il ignoroit abfolument l'exiftence*, &
defquels il réfultera, en effet, qu'il a des portions de
domaines qui étoient fujets à *déclaration* de fa part ;
mais que faute par lui de l'avoir faite dans le délai que
prefcrivoit la loi, cette même régie lui fignifie, qu'en
exécution de l'article 22 de ladite loi, elle fera pro-
céder, à telle époque, à la *vente & adjudication* de
ces biens, d'après le mode fixé.

On demande , fi , dans l'efpèce dont il s'agit , cette vente peut & doit fe faire auffi brufquement ; & fi l'on peut , avec juftice , dépouiller ainfi un poffeffeur de bonne foi ? On penfe que non. Il feroit peut-être jufte , même, de ne pas affujétir ce poffeffeur au paiement du *quart* de la valeur de ces biens, en 1790, pour être maintenu en poffeffion , eu égard à ce qu'ayant cru acquérir des biens *particuliers* ou *patrimoniaux* , il y aura mis un prix fupérieur à celui qu'il auroit donné de ces mêmes biens , s'il eut été inftruit qu'ils provenoient de *domaines engagés* , fujets à *rachat* par la nation. Mais en fuppofant que le Corps légiflatif fe déclarat pour le paiement de ce *quart* , on croit au moins que dans le cas particulier dont eft queftion , les délais ordinaires ne doivent point *prefcrire* contre ces nouveaux poffef-feurs ; & qu'à leur égard , il eft de toute équité de ne faire partir ces délais *que du jour de la fignification des titres* dont il vient d'être parlé ; & non de la date de la publication de la loi.

F I N.

Ce 5 Nivofe an VII de la République.

De l'Imprimerie d'HACQUART , rue *GIT-LE-CŒUR* , N°. 16.